À Monsieur
le Vicomte hericart
de Turry

hommage de l'auteur

~~~~~~

Société Royale

d'Agriculture, Sciences et Arts

de Limoges.

~~~~~~

Notice historique
sur Mr Juge de St Martin
ancien Magistrat à Limoges.
1827.

ESSAI HISTORIQUE.

ESSAI

HISTORIQUE

SUR M. JUGE-DE-St-MARTIN,

ANCIEN MAGISTRAT,

PRÉSIDENT HONORAIRE DE LA SOCIÉTÉ ROYALE D'AGRICUL-
TURE, SCIENCES ET ARTS DE LIMOGES;

LU A LA SÉANCE PUBLIQUE DE CETTE SOCIÉTÉ DU 4 NOVEMBRE 1825.

PAR M. F. ALLUAUD,

L'UN DE SES SECRÉTAIRES,

CORRESPONDANT DES SOCIÉTÉS PHILOMATIQUE ET D'HISTOIRE
NATURELLE DE PARIS, ET DE PLUSIEURS AUTRES
SOCIÉTÉS SAVANTES.

LIMOGES.

F. CHAPOULAUD, IMPRIMEUR-LIBRAIRE.

1827.

ESSAI HISTORIQUE

SUR

M. JUGE-DE-Sᵗ-MARTIN.

Mᴇssɪᴇᴜʀs ,

Iʟ est bien respectable, l'usage établi dans toutes les sociétés savantes, de célébrer la mémoire des hommes qui les ont illustrées : fondé sur les liens d'une douce confraternité, en même temps qu'il satisfait les sentimens du cœur, il fournit d'utiles matériaux pour l'histoire de l'esprit humain ; il excite une noble émulation, en montrant, par de beaux exemples, ce qu'on peut espérer de l'étude et du travail, et acquitte encore la dette de la patrie envers les savans modestes que leurs services recommandent à la reconnaissance publique.

Jamais, Messieurs, vous ne déférâtes un pareil hommage à un citoyen qui en fût plus digne que le respectable doyen de cette compagnie, à qui son mérite personnel et trente années d'assiduité à vos réunions, avaient fait conférer l'honneur de la présider.

Témoins de ses vertus privées, de son zèle et de ses travaux pour le bien de son pays, vous voulez en perpétuer le souvenir, les offrir comme des modèles et des exemples à nos contemporains et à nos neveux, et payer à sa mémoire le tribut de votre admiration et de vos regrets.

Quand vous daignâtes me choisir pour remplir cet auguste ministère, il me sembla doux et facile de louer un ami dont les conseils furent souvent utiles à ma jeunesse : le zèle du sentiment me fit oublier les difficultés d'une tâche étrangère à mes occupations habituelles ; je l'acceptai avec un empressement qui ne me permit pas de consulter mes forces.

Mais au moment où je dois satisfaire à mes obligations et répondre à votre attente ; lorsque ma pensée embrasse le nombre et la variété des importans ouvrages qui survivent au Nestor de l'agriculture limousine ; lorsque je considère l'heureux assemblage des rares qualités qui embellirent son existence, les talens qui le rendirent si précieux à son pays, tout l'ensemble de cette belle vie, d'abord vouée au culte de Thémis, et puis consacrée aux sciences naturelles et aux progrès du plus nécessaire comme du plus difficile des arts, je commence à sentir mon insuffisance ; je ne puis me dissimuler que les inspirations du cœur ne sauraient suppléer à celles du génie, qu'il ne suffit pas de bien sentir pour bien s'exprimer ; aussi m'estimerai-je heureux, si, ne pouvant élever un monument durable au vertueux et savant confrère, à l'homme de bien dont vous déplorez la perte, je puis montrer du moins la richesse des matériaux qu'il nous a laissés pour le construire, et prouver par-là combien ils sont dignes d'exercer une main plus habile.

Jacques-Joseph JUGE-DE-ST-MARTIN, ancien magistrat, président honoraire de la Société royale d'Agriculture, Sciences et Arts de la Haute-Vienne, correspondant de la Société Linnéenne et de la Société royale et centrale d'Agriculture de Paris, vit le jour à Limoges, le 16 septembre 1743. — Sa famille, l'une des plus anciennes de la haute bourgeoisie de la même ville, jouissait, depuis long-temps, de cette antique considération qui est le prix de la vertu et des talens héréditaires. — Vers le milieu du 14ᵉ siècle, deux de ses membres furent élevés à la dignité de princes de l'église (*). Depuis cette époque, elle a donné des jurisconsultes distingués et des magistrats éclairés et intègres, dont l'un fut le premier maire de Limoges et l'ami de Turgot.

(*) Guillaume et Pierre Juge, cardinaux, le premier en 1342, et le second en 1375.

Quoiqu'il fût issu d'un conseiller au présidial de Limoges, M. Juge naquit, pour ainsi dire, agriculteur; les outils du jardinage devinrent ses jouets favoris aussitôt qu'il eut la force de les manier. Tout enfant qu'il était, il montrait tant de plaisir à cultiver son jardin, il s'en occupait avec tant d'ardeur et de constance, qu'un de ses oncles, homme d'esprit (*), osa dès-lors prédire que le petit Jacques serait un jour un agronome célèbre. Le choix heureux d'un précepteur qui aimait beaucoup l'agriculture, du spirituel abbé Richard, si connu des Limousins par ses charmantes poésies patoises, contribua peut-être aussi à fortifier son inclination pour ce premier des arts. L'élève fut digne d'un tel maître : à seize ans, il eut achevé, avec succès, son cours d'humanités au collége des Jésuites de Limoges. Son goût dominant pour les sciences naturelles se développa dans la classe de physique, où il se fit remarquer par son aptitude à ce genre d'étude. Cependant, destiné par ses parens à entrer dans la magistrature, il se soumit à leur volonté, et se rendit d'abord à Paris, puis à Bordeaux, pour y étudier le droit. Son séjour dans ces grandes villes lui permit de donner un libre essor à son amour pour les sciences; mais, afin de le satisfaire sans négliger la jurisprudence, il renonça sans

____
(*) Le sieur de Nogeat.

peine aux distractions que les jeunes gens cherchent dans de vains amusemens, et borna ses plaisirs à se délasser de l'étude abstraite des lois, par l'étude plus attrayante de l'histoire naturelle. Le jeune Juge ne s'y adonnait pas uniquement par le besoin irrésistible de satisfaire une vaine curiosité ; il entrevoyait déjà tout l'avantage qui pouvait résulter de l'application des sciences naturelles à l'agriculture : il se proposa dès-lors de les unir ensemble, et de faire servir leur alliance à l'amélioration des cultures de son pays ; et, dans ses spéculations, il se promettait d'avance des succès d'autant plus brillans, que la stérilité de sa terre natale devait leur opposer un plus grand nombre d'obstacles. Enfin, après plusieurs années d'absence, il revint dans sa famille, possédant la variété d'instruction nécessaire à la double carrière qu'il devait parcourir avec une égale distinction : celle de la magistrature, où l'appelait la volonté de ses parens ; celle de l'agriculture, où l'attirait un instinct naturel, et dans laquelle il devait remplir les espérances qu'avaient fait concevoir les goûts de son enfance.

Il ne tarda pas à justifier la confiance que son père lui avait accordée pour l'administration de ses biens. Eminemment doué du rare talent de bien observer, il scruta la nature, l'interrogea par d'ingénieux essais, apprit à connaître les qualités des différens sols, les productions propres à chacun, et acquit enfin toutes les connaissances locales nécessaires à ses projets d'amélioration.

Le moment vint, ... moment que le temps hâte toujours trop pour les bons fils, où il devait succéder à son père; et lorsqu'il prit place, à l'âge de trente et un ans, parmi les conseillers au présidial de Limoges, le public et la justice, par une heureuse exception, n'eurent pas à se plaindre de la vénalité des charges dont ils avaient eu tant de fois l'occasion de gémir. Le jeune magistrat fut ce qu'il devait être, il eut les talens et les vertus de sa profession, qualités qu'on appréciera peut-être moins aujourd'hui qu'elles sont nécessairement plus communes dans la magistrature élective : aussi le suivrons-nous plutôt dans le noble emploi de ses loisirs, où de nombreux succès lui assignèrent bientôt un rang honorable parmi les agriculteurs français les plus distingués.

Trop souvent un jeune homme, quand il entre en possession de l'héritage de ses pères, n'y voit autre chose qu'un moyen de satisfaire ses désirs immodérés ou son goût pour le luxe. Des pensées plus solides, plus élevées, occupèrent M. Juge-de-St-Martin. Il arrêta ses regards sur les immenses friches enclavées dans ses domaines, sur les bruyères, sur les ronces et les épines qui les recouvraient; et, comme la vue d'un malheureux excite à la bienfaisance, le hideux aspect de cette vaste étendue de terrain sans culture anime son génie agricole. La grandeur des projets qu'il conçoit demande de grandes ressources pécuniaires qu'une sage économie, beaucoup d'ordre et une longue persévérance peuvent seuls lui procurer; n'importe : rien ne l'arrête, rien ne le décourage; tous ces terrains arides, fertilisés par ses soins, se couvriront bientôt de naissantes forêts.

M. Juge-de-St-Martin avait déjà médité les meilleurs ouvrages sur la culture des bois. Avant de commencer sa grande entreprise, il va visiter les savans, tels que les Duhamel, les Fougeroux-de-Bondaroy, qui ont le mieux écrit sur cette matière. Il puise, dans leurs entretiens, de nouvelles lumières; il examine leurs travaux, admire les prodiges de leur art ; mais il espère les reproduire avec plus d'économie. Rentré dans ses foyers, il met la main à l'œuvre avec cet enthousiasme qu'inspire l'espoir d'un succès vivement désiré : le feu consume les bruyères de ses landes délaissées; la charrue y trace ses premiers sillons; et les deux riches moissons qui précèdent et préparent la culture de ses bois, l'indemnisent de ses dépenses, assurent la réussite de ses semis, et prouvent l'excellence de cette méthode.

M. Juge ne s'en tient pas à la culture de nos arbres indigènes; à notre utile châtaignier, à nos superbes hêtres, à nos chênes robustes, il associe ces arbres résineux que recherche l'abeille, et ces arbres à larges feuilles que l'Europe venait de recevoir du nouveau monde. Déjà près de deux cents hectares sont successivement boisés : ces travaux quadruplent la valeur de son héritage, sans en reculer les limites, et lui procurent la jouissance de ménager à ses enfans une richesse impérissable comme la nature, qui pourvoit d'elle-même à la croissance et à la reproduction de ses bois.

Les actes les plus simples de sa vie privée portaient l'empreinte de son caractère et de son amour pour son pays. Il voulait que chaque massif de bois qu'il plantait lui rappelât un objet cher à son cœur. Il donnait à l'un le nom d'un ami qu'il chérissait ; à l'autre, celui d'un grand homme qui avait fait du bien au Limousin, ou qui l'avait illustré par sa naissance. Ici, on voyait le bois d'Aguesseau ; là, le bois Turgot ; plus loin, le bois Sylvestre, dédié au savant et modeste historien des travaux de la Société royale d'Agriculture de Paris. Il imposa aussi le nom de ses enfans aux divers bosquets plantés l'année de leur naissance : ceux-ci étaient le livre de la famille ; les arbres croissaient avec les enfans, et marquaient leur âge par les étages de leurs branches fraternelles, dont l'entrelacement lui offrait un symbole touchant des liens étroits qui devaient les unir.

Ces plantations que consacrèrent les sentimens les

plus doux, la reconnaissance, l'amour et l'amitié; ces modestes monumens créés par un homme sensible, n'exciteront point la même admiration que ces marbres magnifiques, chefs-d'œuvre des beaux-arts; mais le temps renouvelle les uns et détruit les autres; et, malgré ses outrages, les bois de St-Martin, se perpétuant sans culture, rediront à nos neveux quelles mains les plantè-rent, et porteront aux siècles à venir les noms chéris ou honorés qu'un père, qu'un ami, qu'un sage les a chargés de transmettre à la postérité!

Au milieu de ces travaux, M. Juge-de-St-Martin notait, chaque jour, ses observations, et préparait les matériaux de plusieurs ouvrages importans; il pen-sait, avec Xénophon, que, « lorsqu'il nous arrive de réussir, notre plus grande joie est d'apprendre, à ceux qui veulent le savoir, quels sont les moyens dont nous nous sommes servis »; il voulut dicter des préceptes à ses imitateurs, après leur avoir prodigué les exemples. Dans cette vue, il rédigea, pour le Limousin, un Traité complet sur la culture des arbres forestiers, et particulièrement sur celle du chêne. Il y expose, avec ordre et avec clarté, toutes les connaissances qu'on avait alors acquises sur les semis et les plantations, sur la physiologie végétale, sur les maladies des arbres, sur les moyens de rétablir les forêts dégradées, et de retirer le plus grand produit possible des taillis et des futaies de toute espèce.

Ce Traité n'est pas seulement une compilation de ce qui avait été dit sur cette matière; il contient une foule d'observations qui avaient échappé aux devanciers de M. Juge; il fait connaître un grand nombre d'expériences curieuses, dont les résultats, bien constatés, jetèrent de nouvelles lumières sur ce genre de culture. Jaloux de procurer à son livre un suffrage qui pût le recommander à la confiance publique, il le soumit à l'examen de la Société royale d'Agriculture de Paris : celle-ci, sur le rapport de M. Thouin, l'approuva le 25 mai 1787, et admit l'auteur au nombre de ses correspondans. Cet ouvrage, dont les journaux d'agriculture rendirent le compte le plus favorable, lui donna une si grande réputation, que cette même Société, dans les observations qu'elle fit à l'assemblée nationale (le 9 juin 1791) sur l'aménagement des bois de l'Etat, crut devoir appuyer ses opinions de l'autorité de M. Juge, qu'elle opposa à celle du célèbre Duhamel. Malgré le temps qui s'est écoulé depuis la publication de ce Traité, les planteurs ne pourraient aujourd'hui choisir un meilleur guide dans leurs travaux.

Encouragé par ce premier succès, M. Juge-de-Saint-Martin chérissait trop son pays et son art, pour détacher ses pensées de la culture des arbres, avant d'avoir épuisé la série des connaissances qu'il lui paraissait utile de propager. Dans le Traité du chêne, il s'était contenté de parler sommairement des autres arbres forestiers ; cela ne pouvait remplir ses vues. Aussi deux ans s'écoulèrent à peine qu'il fit paraître un nouvel ouvrage, sous le titre modeste de *Notice des arbres et arbustes qui croissent naturellement ou qui peuvent être élevés en pleine terre dans le Limousin.*

Il ne se borne pas à décrire tout ce qui a rapport à leur culture ; il indique avec exactitude l'usage de leur feuille, de leur fleur, de leur fruit, de leur bois ; et, comme rien n'échappe à ses vues philanthropiques, il enseigne, avec une confiance que la médecine moderne ne partagerait peut-être pas aujourd'hui sans restriction, les remèdes simples et salutaires que les diverses parties de ces végétaux fournissent contre une foule de maladies. Cet ouvrage, qui parut aussi sous les auspices de la plus honorable approbation, de celle de la Société royale d'Agriculture de Paris, a de plus le mérite de rappeler quel était l'état de la culture des arbres en Limousin, et les espèces qui y étaient acclimatées à l'époque de 1790 (*).

____

(*) On en comptait alors 190 espèces.

Il était plus facile à M. Juge d'enseigner l'art de planter aux cultivateurs de cette province, que de leur inspirer le goût des plantations ; aussi ne négligeait-il aucune occasion de leur en montrer l'utilité et les agrémens. « Plantons, disait-il ; ne dédaignons pas les charmes » secrets que les arbres nous procurent ; rassemblons, » autour de nos demeures champêtres, ces beautés » éparses de la nature, qui nous attachent à nos pro- » priétés et nous les rendent plus chères ; ces arbres dont » les fruits exquis font l'ornement des vergers et les » délices de la table ; ces arbrisseaux à fleur qui parfu- » ment, soir et matin, l'air déjà si pur de nos montagnes ; » ces arbres à larges feuilles dont l'ombrage tempère la » chaleur du jour ; ces arbres toujours verts qui con- » trastent singulièrement avec les autres productions de » la terre, et nous offrent encore l'image du printemps » sous les glaçons et les frimas. »

Cet appel, souvent renouvelé avec cette éloquence persuasive qui naît de la conviction, fut enfin entendu, et le superflu des semis de M. Juge fut transplanté dans les terrains incultes de ses voisins, devenus jaloux d'imiter ses exemples.

Cet heureux résultat d'une longue persévérance ne pouvait manquer d'attirer les regards de tous les amis de l'agriculture. La Société royale de Paris, après s'être

fait rendre compte des arbres que M. Juge avait accli-
matés et multipliés dans la province , lui décerna une
médaille d'or dans sa séance du 29 décembre 1790.

Les travaux qui exigent le plus de constance et d'exactitude convenaient particulièrement à son caractère.
Pour apprécier convenablement les circonstances atmo-
sphériques favorables ou contraires aux productions
agricoles, et faire la part que la nature du sol, la bonne
culture et la marche des saisons peuvent avoir dans la
richesse des récoltes, M. Juge s'était, dès long-temps, as-
sujetti à observer l'état du ciel trois fois par jour, et à
former des tables météorologiques, qu'il continua, sans
interruption, pendant plus de quarante années.

Quoiqu'on regrette qu'il n'ait pas pu donner à ses
observations barométriques le degré d'exactitude que
les de Laplace et les Ramond ont porté depuis dans cette
partie de la physique, le travail de M. Juge n'en présente
pas moins une masse de faits importans pour l'agriculture et pour l'hygiène publique, des observations fort
intéressantes, relatives à l'influence du temps sur les récoltes de toute espèce, et aux époques naturelles de la
germination, de la floraison des plantes, de la migra-
tion et du passage des oiseaux étrangers.

Dans la longue série des saisons qui furent soumises à
son œil scrutateur, l'hiver si mémorable de 1788 à 1789

lui fournit l'occasion de constater l'effet des gelées rigoureuses sur les arbres de toute espèce , dans leurs différens âges. Des faits nombreux qu'il recueillit à ce sujet, il tira d'utiles conjectures sur la culture et l'exposition les plus favorables aux différentes sortes d'arbres , et sur les années , les saisons , qu'on croit être plus ou moins propices aux plantations , en raison de l'état météorologique de l'atmosphère. Notre habile agriculteur raconte , à ce sujet, qu'il n'en trouva jamais d'absolument mauvaises , et ajoute , avec une naïveté qui prouve l'étendue de son amour pour les plantations, que , s'il est des années où elles réussissent mieux , son secret pour ne point les manquer est de planter sans interruption.

Nous n'avons parlé jusqu'ici que des travaux dérobés, pour ainsi dire , aux occupations du magistrat ; et pourtant ces travaux suffiraient pour jeter de l'éclat sur une vie qui leur aurait été consacrée tout entière. Nous allons considérer maintenant M. Juge livré , sans distraction , à l'art qu'il chérissait par-dessus tout.

La révolution , en renversant l'ancienne magistrature, l'avait privé d'un office dont il avait , pendant dix-huit ans , rempli religieusement les devoirs. Ses goûts champêtres le consolèrent aisément de cette disgrâce ; mais ils lui procurèrent encore un bonheur bien plus précieux, celui de se faire oublier à une époque où il était si dangereux d'être aperçu ; celui de jouir sans trouble, dans la retraite des champs, de l'estime et de la considération dont ses concitoyens l'environnaient depuis long-temps. Affranchi de tout emploi public, il va trouver dans l'agriculture de quoi réparer ce qu'il a perdu, et former une entreprise utile à lui-même, mais plus utile encore à son pays.

Il n'y avait à Limoges aucune pépinière considérable : M. Juge conçoit le dessein d'en créer une. Il s'arme de ses greffoirs, et marie l'arbre fruitier au sauvageon. Il fait venir et propage avec rapidité les arbres exotiques propres à l'ornement ; et, en peu de temps, les jardins et les vergers du Limousin sont, par ses soins, enrichis des plus beaux fruits et décorés des plus agréables ombrages. Ainsi cette province s'est affranchie peu à peu d'une partie des tributs qu'elle payait autrefois à l'Orléanais et à la Touraine, et s'est même enrichie par le commerce des productions des nombreuses pépinières qui ne tardèrent pas à s'établir à Limoges, et qui fournirent, comme elles fournissent encore, de jeunes plants aux départemens environnans. M. Juge vit avec plaisir naître l'émulation parmi ses concitoyens, et, loin de s'affliger des effets de la concurrence, il y applaudit, et trouva la véritable récompense de ses travaux dans l'extension que prenait autour de lui cette nouvelle branche d'industrie.

Qu'on n'aille pas croire que tant de constance et de goût pour les plantations n'aient eu d'autre motif que ce penchant irréfléchi ou cette disposition naturelle qui nous porte à faire une chose plutôt qu'une autre. Tous les travaux de M. Juge-de-St-Martin étaient le fruit de la méditation. Il avait reconnu que le Limousin est une des provinces de France les plus propres à la culture des arbres, et il savait qu'ils y résistent mieux à l'inclémence des saisons que les céréales, dont la culture plus délicate trompe si souvent l'attente des laboureurs ; il savait aussi que le produit des bois est un véritable capital, mis sagement en réserve par une utile prévoyance de la nature ; que, de tous les moyens d'accroître sa fortune que le propriétaire limousin puisse employer, la conversion de ses friches en bois est tout à la fois le plus sûr et celui qui exige le moins d'avances ; il n'ignorait pas enfin que de grandes ressources en combustible appellent et fixent certains genres d'industrie manufacturière dans les contrées qui les possèdent. Et comment n'aurait-il pas employé toutes ses facultés à propager ces vérités, à répandre son goût pour cette branche de l'agriculture, lorsqu'il avait la conviction et qu'il aimait à reconnaître qu'il lui devait lui-même la santé, ses richesses et le bonheur.

Non moins occupé des progrès de son art que du soin

d'en faire valoir les produits, M. Juge poursuit en même temps l'exploitation de sa pépinière et le cours de ses ingénieux essais, dont les savans rédacteurs de la *Feuille du cultivateur* s'empressèrent de recueillir les résultats.

Jusqu'alors on avait inutilement tenté de greffer le figuier : M. Juge-de-St-Martin y réussit le premier. Il eut l'idée heureuse d'en appliquer l'écusson à la racine du platane, de cet arbre qui, du temps de Pline et de Virgile, servait de sujet à la greffe du pommier, et que, de nos jours, on croyait n'y avoir été jamais propre, à cause de la nature de son écorce. Par ce seul essai, il résolut un double problème d'un grand intérêt, et dont les résultats donnent quelque fondement aux rapports du chantre de Mantoue et du téméraire et infortuné naturaliste de Vérone.

En 1794, il acclimate, dans sa pépinière, la plante précieuse qui produit la rhubarbe.

Il recommande, en 1797, la culture du peuplier d'Italie, qui ne comptait encore que vingt-cinq années de naturalisation dans sa province, où, malgré sa rapide croissance et son étonnante multiplication depuis cette époque, il ne suffit point encore aux besoins des consommateurs.

Cherchant, dans la même année, à éclaircir quel-

2

ques doutes sur les mouvemens attribués à la circula-
tion de la sève, il imagina une greffe nouvelle, que
M. Thouin a classée, dans sa Monographie générale,
sous le nom de son savant auteur. Cette greffe curiéuse,
qui consiste à placer l'écusson dans une position oblique,
transversale aux fibres longitudinales du sujet, et de
manière qu'il recouvre seulement une partie de la plaie
sans toucher à l'écorce, prouve que la coïncidence
parfaite des fibres et des écorces, si recommandée, dans
l'opération de la greffe, par les praticiens, n'est pas
absolument nécessaire à la prise de l'écusson, et donne
par-là une grande idée de la faculté végétative du
gemma.

Il démontre, dans un autre mémoire, qui prouve
le désintéressement du pépiniériste qui l'écrivit, que les
arbres fruitiers francs de pied sont préférables, dans la
grande culture, aux espèces améliorées par la greffe,
attendu que la conservation de celles-ci dépend uniquement de l'intelligence et des soins du cultivateur, et que
ceux-là se reproduisent, se multiplient d'eux-mêmes, et
par d'abondantes récoltes enrichissent les contrées qui
savent en apprécier la culture.

En 1799, les gelées printanières firent périr toutes les
jeunes pousses des noyers de la Haute-Vienne. Cet
événement fit regretter à M. Juge de n'avoir pas songé

plus tôt à adopter l'usage de greffer les espèces tardives sur les espèces hâtives, suivant la méthode de Cabanis. Il fait venir du département de la Corrèze l'élève le plus habile de cet ingénieux agriculteur. Il le voit opérer, il perfectionne ses procédés, greffe avec lui tous les noyers de ses domaines, et rédige une instruction lumineuse sur cette opération : il en démontre si bien les avantages, que, grâce à son mémoire, l'usage de greffer les noyers se répand de proche en proche jusque dans le nord de la France, qui lui doit maintenant le commerce fort important du riche produit de ses noix.

Ainsi se propagent les bienfaits d'un modeste agriculteur, non moins heureux de l'aisance qu'il procure à des hameaux lointains où son nom doit rester inconnu, que des avantages qu'il en retire pour lui-même.

Parmi les nombreuses observations dont il a particulièrement enrichi le recueil des mémoires de cette Société, il en est une d'un grand intérêt pour la physiologie végétale. Dans la classe des végétaux que Linnée appelle *dioïques*, parce que le même sujet ne réunit jamais les deux sexes, M. Juge tenta vainement de faire déroger la nature à cette loi générale, par l'application d'écussons femelles sur des branches mâles, ou d'écussons mâles sur des branches femelles. Il choisit pour ses expériences le papyrier ou *broussonnetia papyrifera*. Les écussons du même sexe que le sujet donnèrent constamment des pousses vigoureuses ; mais lorsque les sexes différaient entre eux , malgré l'analogie de l'écorce et de la sève , la nature ne se laissait pas tromper : l'écorce de l'écusson prenait seule part à la vie du sujet, et l'œil ne poussait pas.

Une seule colline restait à planter encore , en 1812 , dans l'héritage de ses pères. Notre infatigable agriculteur, dont l'âge ne vieillissait ni la force de la pensée, ni cette prodigieuse activité avec laquelle il exécutait ses desseins , voulut terminer sa grande entreprise par une expérience digne de sa renommée. Des divers arbres verts qu'il avait semés , le pin maritime était celui qui lui avait le mieux réussi. Il manquait de notions précises sur l'exposition et la nature du sol qui conviennent le mieux aux autres espèces de la nombreuse famille des arbres résineux. Pour se les procurer, il en fit couvrir la colline entière , fit placer plusieurs individus de chaque espèce, de chaque variété, aux diverses expositions et dans les sols de nature différente que présentait son terrain, sous le rapport de sa composition et de sa plus ou moins grande sécheresse. Après six années d'observations sur la croissance et la végétation de ces jeunes arbres , il nous fit connaître les résultats curieux de cette expérience.

Ses derniers essais sur la culture des arbres fruitiers avaient aussi un but fort remarquable. La greffe est souvent funeste au sujet qui l'a subie : il crut qu'on pouvait y substituer une autre méthode. Il pensait qu'en dépouillant les pepins et les amandes des fruits à noyaux de la pellicule qui les recouvre, et qu'en ménageant, par des soins convenables, la germination de ces graines, il en naîtrait des arbres aussi robustes que ceux qui sont francs de pied, et dont les fruits seraient aussi bons, aussi délicats que ceux des arbres greffés ; il présumait encore que, par une suite de générations, les fruits sauvages pouvaient eux-mêmes perdre leur âpreté, et s'améliorer par cette méthode comme par celle de la greffe. — Je suis trop vieux, nous disait-il, pour suivre cette expérience ; mais les sociétés ne meurent pas, et je désire que la nôtre fasse des essais, qui probablement seront couronnés des plus heureux succès. — On voit que M. Juge se plaisait à travailler pour les générations à venir ; et si ses espérances, fondées en théorie, se réalisent, cette découverte sera sans contredit l'une des plus importantes de l'horticulture moderne.

Mais je dépasserais les bornes de mon sujet, si je rappelais tous les travaux utiles par lesquels M. Juge-de-St-Martin a signalé sa longue carrière agricole. C'est dans la correspondance qu'il entretenait avec plusieurs savans célèbres et avec les sociétés d'agriculture auxquelles il était affilié ; c'est surtout dans la collection des mémoires et dans les procès-verbaux de cette Société, qu'on recueillera au besoin les nombreuses instructions dont on est redevable à ses recherches et à ses expériences. — Sa prédilection pour la culture des arbres ne lui fit négliger aucun autre genre de culture. L'un des premiers, il offrit l'exemple de celle de la pomme de terre ; il la soumit à une foule d'expériences relatives à sa panification et aux moyens de la conserver ; il en cultiva les principales variétés, afin de constater celles qui donnent les meilleurs produits et présentent le plus d'avantage à notre économie rurale. La Haute-Vienne lui doit encore les premiers essais de culture qui y ont été faits sur le froment de mars des Landes et sur le blé noir de Tartarie, dont il trouva le moyen de corriger l'amertume par sa combinaison avec deux cinquièmes de fécule de pomme de terre. Toujours au courant des découvertes agricoles qui se faisaient ailleurs, il recherchait avec une attention soutenue toutes celles qui pouvaient nous être utiles ; il les soumettait à des essais particuliers, et en propageait la connaissance avec autant d'intérêt que s'il en avait été le principal auteur.

On conçoit maintenant les nombreuses améliorations qu'il a dû faire dans ses domaines. Il n'est pas un de ses champs qui, suivant son expression, n'ait reçu l'empreinte de ses mains ; il les entoura d'arbres forestiers qui en consolidèrent les clôtures ; et les larges avenues qu'il y perça pour en faciliter l'exploitation , ombragent aujourd'hui les voyageurs, dont elles recréent la vue par les charmes de leur aspect. Ici , point de rocs à nu , susceptibles d'entraver la marche de la charrue, qui n'aient été enlevés et remplacés par un bon fond de terre ; point de marais dont le desséchement n'ait fourni un gras pâturage ; point de cours d'eau sans qu'une irrigation, conduite avec art, n'ait changé quelque vallon en riche prairie : tout est mis à profit, partout on reconnaît l'ouvrage de l'homme de goût et de l'agriculteur habile ; mais nulle part la nature n'est violentée : c'est en se bornant à la seconder, à ne lui demander que ce qu'elle peut produire, que M. Juge ne trouve pas de sol rebelle à ses soins : moyen en effet infaillible de triompher des terrains les plus ingrats, mais qui, malgré son apparente simplicité , n'est malheureusement pas à la portée de tous les cultivateurs.

Cependant M. Juge-de-Saint-Martin touchait à cette époque où son grand âge devait mettre un terme aux travaux qui avaient fait les délices de toute sa vie. Avec quel plaisir il saisissait alors l'occasion de les rappeler à sa mémoire ! comme il aimait à les raconter sous les voûtes ondoyantes des avenues qu'il avait plantées. Ces souvenirs ne lui procuraient pas seulement une nouvelle existence , ils excitaient en lui un enthousiasme non moins grand et bien mieux fondé que celui qui accompagne les espérances et les premières illusions de la jeunesse. Il jouissait d'un bonheur bien plus réel. Il avait sous les yeux l'intéressant tableau de ses conquêtes sur un sol que la nature avait privé de ses faveurs les plus communes....... Il était heureux par le sentiment intime du bien qu'il avait fait! Doux auspices, sous lesquels commence l'éternité du sage qui sut marquer sa vie par d'utiles travaux !

Quelque légitime que fût une jouissance si pure , M. Juge y eût trouvé moins d'attraits, s'il n'avait pu la rendre utile à ses compatriotes en la leur faisant partager : telle est du moins l'impression qu'on éprouve à la lecture de la *Description pittoresque d'une métairie de la Haute-Vienne*, qu'il fit paraître en 1806. Toujours modeste, à cet âge même où de nombreux succès semblaient l'en dispenser , il emprunte le langage de la fiction pour peindre l'image fidèle des domaines qu'il a créés, et nous découvrir les secrets de leur fécondité. Se ressouvenant ensuite de ce qu'il lui en a coûté d'étude, de travaux, de persévérance ; craignant que le découragement ne s'empare de nos agriculteurs , et qu'une terre si peu fertile ne soit un jour abandonnée par ceux dont elle fut le berceau, il se complaît à faire vivement sentir le bonheur de l'homme des champs; il nous attache au sol de la patrie par les réflexions les plus attendrissantes, et signale quels dangers vont courir les enfans ingrats qui l'abandonnent pour chercher au loin des climats plus heureux et des sols plus féconds. Fort de ses succès, par lesquels il veut nous convaincre qu'il n'est point de contrée absolument infertile, il nous montre, sans songer aux intérêts de sa gloire, que la nature, toujours bonne mère, toujours bienfaisante, est partout docile aux efforts des bras et du génie.

Si les améliorations agricoles ne se propageaient pas avec tant de lenteur, quels prodiges n'eût pas faits, dans une province où il y avait tant à créer, un citoyen généreux qui joignait à un génie inventif et entreprenant le courage, la patience et l'activité nécessaires à l'exécution; qui semblait rechercher les difficultés, non pour se ménager la vaine gloire d'en triompher, mais pour le plaisir de donner aux autres de salutaires exemples; qui, unissant la pratique à la théorie, n'estimait ses succès personnels que par ceux de ses imitateurs, et ses travaux que par leur utilité! Combien de fois l'avons-nous entendu gémir sur l'opposition funeste qu'apportent, aux innovations les plus utiles, la routine, les préjugés, l'igno-

rance et l'apathie des misérables habitans de nos campa-
gnes, et sur l'inévitable nécessité de laisser au temps
seul le soin de détruire le mal et de propager le bien!

Toutefois, au milieu des regrets qu'il ressentait de ne
pouvoir surmonter à son gré tant d'obstacles, M. Juge
trouva une récompense bien douce des efforts qu'il n'a-
vait jamais cessé de faire pour propager autour de lui
les meilleures méthodes de culture.

En 1820, le restaurateur du trône de Henri IV voulut,
à l'exemple de son auguste aïeul, ennoblir le plus utile
des arts par d'honorables récompenses. Le bienfaisant
auteur des progrès les plus remarquables que l'agriculture limousine eût faits depuis un demi-siècle, ne pouvait être oublié sous un ministère qui, pour seconder
les vues paternelles du bon roi, s'appliquait à découvrir
le mérite caché. M. Juge-de-St-Martin reçut une médaille pour prix de ses services ; il eut la douce satisfac-
tion, au déclin de sa vie, d'avoir été l'objet d'une
distinction qui le flattait d'autant plus, que, trente-deux
années auparavant, il l'avait demandée au gouvernement
en faveur des cultivateurs les plus laborieux et les plus
habiles, comme un moyen de stimuler leur zèle et d'en-
courager leurs efforts.

Tant de travaux ne suffirent pas pour remplir une
existence que M. Juge avait l'art de doubler par le bon

emploi du temps. L'agriculture avait dignement occupé les loisirs du magistrat ; l'agriculteur eut aussi besoin de distraction , ou plutôt ses travaux manuels servirent tour à tour de délassement aux méditations du philosophe, du naturaliste et de l'antiquaire.

Tandis que les temples élevés par la piété de nos ancêtres sur les ruines de ceux du paganisme, tombaient sous les coups de l'anarchie, M. Juge en fouillait les décombres ; il y reconnaissait l'autel sanglant des druides , découvrait un grand nombre de ces pierres tumulaires que les Romains consacraient aux dieux mânes, et recueillait des médailles et des inscriptions curieuses. Les amateurs des antiques vont encore visiter, à sa pépinière, ces curieux débris, qui, après tant de siècles d'oubli, reparaissent à la lumière, comme pour attester les erreurs, les pratiques superstitieuses des temps anciens, et nous rappeler encore comment s'éclipsent les gloires de la terre. Ces monumens ne pouvaient être muets aux yeux d'un observateur aussi instruit ; ils lui révélèrent leur origine ; et la savante dissertation qu'il donna à ce sujet, ne fut pas jugée indigne du suffrage et de la critique éclairée de feu notre célèbre antiquaire M. Millin.

Plus tard , et lorsque la France courageuse et résignée subissait le cours des épreuves auxquelles la Providence l'avait destinée, tout préoccupé du plus beau rêve que puisse engendrer l'amour de l'humanité, il se flatta que la voix d'un citoyen généreux serait peut-être entendue dans le tumulte des armes et l'agitation des partis, et pourrait mettre un terme aux maux affreux de la guerre. L'agriculture gémissait de l'absence de ses enfans ; la paix seule pouvait les rendre aux travaux d'où les avait arrachés la victoire ; la paix était nécessaire à son pays, au bonheur des nations : M. Juge-de-St-Martin l'invoque, et, cédant à la vivacité du sentiment qui l'entraîne, dans un mémoire fort de pensées et brillant de diction, il exprime le désir et conçoit la possibilité de voir établir un congrès permanent pour maintenir la paix entre les nations de l'Europe. Il rappelle aux princes les lois imprescriptibles de la justice naturelle, le commandement que Dieu fait aux hommes de s'entr'aimer comme des frères au lieu de s'entr'égorger.... Mais que peut la voix de la sagesse contre les conseils et les emportemens des passions? Les bons esprits sourirent encore une fois *aux rêves d'un homme de bien*, et, si les souvenirs de l'histoire les empêchèrent de croire à la possibilité *d'une paix générale et perpétuelle*, il faut avouer que l'époque à laquelle parut le livre de M. Juge, n'était guères propre à les bercer de cette douce illusion.

Jusqu'ici, il n'avait pu étudier l'histoire naturelle que

dans ses rapports avec l'agriculture. L'établissement d'une école centrale à Limoges, où il obtint la chaire de botanique et de minéralogie, lui fournit l'occasion d'en faire une étude plus sérieuse. Désireux de remplir les devoirs d'une place si conforme à ses goûts, et à laquelle le rendait bien propre l'attachement qu'il avait pour la jeunesse studieuse, il créa à ses frais un cabinet de minéralogie, et établit un jardin de botanique dans sa pépinière. Malgré son grand âge, il ne craignit pas les fatigues d'un long voyage pour recueillir les productions naturelles des terrains anciens de sa province, les fossiles des couches diluviennes des environs de Paris, et les minéraux curieux des volcans éteints de l'Auvergne.

Mais tant de soins furent trop tôt perdus pour ses nombreux élèves. Les écoles centrales n'eurent qu'une existence éphémère, et M. Juge fut contraint, par leur suppression, de restreindre ses leçons à l'enseignement particulier de son fils et des enfans de quelques amis.

L'absence de toute instruction publique au milieu des discordes civiles, laissait aux pères de famille un grand devoir à remplir. M. de St-Martin ne le trouva pas au-dessus de ses forces : ayant, dès long-temps, appliqué son esprit à l'étude de la philosophie, qui était alors plus particulièrement négligée, il composa, pour son fils, sous la forme d'entretiens familiers, et publia, en 1806, un ouvrage fort considérable sur la théorie de la pensée.

En parcourant ce vaste champ de controverse où toute l'habileté des plus grands génies ne les empêcha pas toujours de s'égarer, il osa se frayer des routes nouvelles pour remonter à la source des vérités saintes et consolantes que nous révèle la religion de nos pères, et pour montrer l'absurdité de ce monstrueux système qui ne conçoit d'autre éternité que le néant, qui rabaisse la dignité de l'homme jusqu'à lui ravir l'espérance, et n'aperçoit, dans le miracle de la vie, que l'assemblage fortuit du limon grossier que nous y montre la mort.

Cette production, remarquable par la manière dont les matières les plus abstraites y sont traitées, laisse peut-être quelque chose à désirer dans l'exécution; mais il est juste de tenir compte à son auteur de la pureté de ses intentions et des louables motifs qui le déterminèrent à publier cet ouvrage.

Tandis qu'il méditait encore sur les plus hautes questions de la philosophie, d'autres sujets de morale fixaient aussi son attention. Les changemens qui s'opéraient dans les mœurs, les habitudes, le commerce et l'industrie de ses compatriotes, devaient nécessairement frapper son esprit observateur.

Placé au centre d'une province qui, après avoir

résisté jusque-là à l'impulsion du siècle, franchissait tout à coup un long intervalle pour se placer au niveau des autres provinces de la France ; personnellement inaccessible aux caprices de la mode ; vivant comme ses aïeux ; impassible au milieu des perturbations qu'éprouve son pays ; portant dans le monde, qu'il évite plus qu'il ne le recherche, toute la bonhomie , la franchise et l'originalité de son caractère, notre vénérable vieillard se trouvait dans la position la plus favorable pour saisir les métamorphoses extraordinaires qui s'opéraient sous ses yeux.

Ce fut en 1808 qu'il fit paraître, pour la première fois, la galerie piquante et fidèle des tableaux qu'il en avait tracés : dix années s'étaient à peine écoulées, que, cédant aux instances de ses nombreux amis, il en donna une deuxième édition. L'accueil favorable du public, qu'elle intéressait particulièrement, fait assez connaître que l'historien des mœurs limousines se montra aussi sage dans ses conseils, que juste et impartial dans ses jugemens. Plus indulgent que sévère, il censure sans amertume et corrige sans blesser; lui-même s'associe parfois à nos faiblesses, comme pour mieux acquérir le droit de les relever ; s'il craint d'offenser l'amour-propre, il montre la vérité sous le voile du doute, mais sous un voile si léger, que chacun l'écarte aisément, et se livre sans peine aux réflexions que ses tableaux font naître; ses peintures sont enfin présentées sous un point de vue tel que chacun se trouve naturellement conduit à se faire cette question, qui eût pu servir de texte à son livre : *Sommes-nous plus heureux que nos pères?*....

A en juger par l'agrandissement de cette ville, par les progrès de son industrie, par le mouvement d'activité qui se fait remarquer dans toutes les classes de ses habitans, par l'augmentation de leur dépense et leur plus grande aisance apparente, oui sans doute, *nous sommes plus heureux que nos pères;* mais si, d'après quelques-unes des esquisses de M. Juge, il est vrai que, riches de leurs épargnes et de la modération de leurs désirs, nos pères aient été bienfaisans, hospitaliers, et que cependant ils aient élevé dix ou douze enfans dans chaque ménage, tandis que chaque famille suffit à peine aujourd'hui à l'entretien de deux ou trois, et que, forcés, malgré nous, de devenir égoïstes, notre gaîté naturelle dégénère en sombre inquiétude sur le présent et en crainte sur l'avenir, *sommes-nous réellement plus heureux que nos pères?* Si, après avoir été puiser à Paris le goût de tous les agrémens de la vie, sans réfléchir que nous n'avons ni les ressources ni les richesses de cette ville opulente, il est vrai que nous soyons constamment tourmentés par des besoins sans cesse renaissans, et dévorés de désirs que nous ne pouvons satisfaire , *sommes-nous réellement plus heureux que nos pères ?* S'il nous faut enfin déplorer la perte de cette économie qui était le gage de la probité des citoyens d'une ville commerçante, et la garantie du crédit dont elle jouissait ; si la politesse a remplacé les mœurs ; si la dissimulation a succédé à la franchise, l'indifférence . à l'amitié ; si les plaisirs frivoles qu'appelle le luxe nous conduisent à la mollesse, *loin d'être aussi heureux que nos pères, n'aurions-nous pas, avec de nouveaux gages de prospérité, laissé tarir la source de leur bonheur ?* Hâtons-nous donc, dans le doute, hâtons-nous de profiter des avis salutaires que M. Juge a livrés à nos méditations , et, faisant un noble emploi de l'accroissement de nos fortunes, évitant les dangers du luxe d'ostentation, n'attendons pas que la nécessité nous impose des privations pénibles , pour revenir à cette simplicité de goûts qui procurait à nos aïeux une félicité sans nuages.

M. Juge-de-St-Martin se plut aussi à consacrer aux muses quelques loisirs : il aimait parfois à revêtir ses pensées philosophiques de la grâce et de l'expression de leur langage, à retracer, avec des couleurs agréables, les douceurs de la vie champêtre. Sa versification est en général facile, et présente des traits heureux ; mais il attachait peu d'importance à ces pièces fugitives qui échappaient à sa plume; aussi n'ont-elles été connues que d'un petit nombre d'amis intimes. Ceux-ci se rappellent encore une épître inédite en prose, qu'il adressait à ses aïeux et à ses descendans. Dans cette pièce, où chaque phrase respire les sentimens élevés d'une ame sensible, il s'exalte à la pensée d'aller bientôt rejoindre ses pères; il leur rend compte de ses actions, au moment, dit-il, « où la sage nature l'avertit en secret qu'elle va l'abandonner, comme un fruit mûr, pour prêter à son fils la force de sa vie. » Puis, s'adressant à ses neveux et à ses enfans en particulier, il leur donne les derniers conseils que sa tendresse peut leur offrir; il les familiarise avec l'idée de la mort, leur montre l'espérance enchantant sa dernière heure, et les console du court intervalle qui doit les séparer, par l'expression touchante des considérations philosophiques et morales qu'il puise dans ses sentimens religieux.

Plus homme de bien que savant, le mobile de toutes ses actions fut le désir d'être utile et de faire des heureux. La science ne dessécha point son cœur; bon fils, bon époux, bon père, ami véritable, il porta aussi loin que qui que ce soit toutes les qualités de l'homme estimable, de l'excellent citoyen. Fontenelle a dit quelque part, « que la patrie d'un savant ne serait pas sa véritable patrie, si les sciences n'y étaient floris-

» santes (*). » Plus généreux que Fontenelle, plus jaloux de servir son pays que d'acquérir une vaine gloire qu'il eût obtenue sur un plus grand théâtre, M. Juge consacra ses études, ses voyages et ses travaux, à la contrée qui le vit naître et où les sciences étaient encore presque inconnues.

Né avec une faible complexion, il n'a éprouvé qu'une seule maladie aiguë, à l'âge de soixante-deux ans. Comme il n'avait point eu la petite vérole, il confia l'un des premiers son bras au bienfaisant virus dont l'immortel Jenner a gratifié l'humanité. Il avait toujours espéré qu'il verrait sa quatre-vingtième année, ainsi que ses ancêtres. Il était convaincu qu'il devait sa santé à sa manière de vivre, à sa frugalité, à la variété de ses occupations. Il pensait même que l'homme le plus occupé est le plus heureux; aussi n'a-t-il jamais laissé tarir cette source de bonheur si peu recherchée dans le monde. Il se levait avec le soleil, travaillait autant du corps que de l'esprit, et était fier de montrer le creux de ses mains endurcies par le travail. Un simple matelas sur un chassis de fer fut son lit toute sa vie; et, à cet âge où il avait tant de droits au repos, il ne voulut pas contracter d'habitudes nouvelles.

Devenu octogénaire, sa conversation, toujours in-

(*) Éloge de M. de Tournefort.

structive et piquante, n'avait rien perdu de ses charmes; son ame avait conservé toute sa sensibilité; une heureuse découverte l'intéressait aussi vivement que dans sa jeunesse; et, cédant encore à l'habitude et au besoin du travail, il s'élançait hardiment au sommet d'une échelle élevée pour tailler les treilles de ses vergers.

Il n'avait pas attendu à cet âge avancé pour disposer de ses biens. Il était de ces hommes, trop rares en ces contrées, qui croient que c'est ne point donner que de léguer par testament. Après l'établissement de son fils et de sa fille, il leur fit le partage de ses propriétés, et se retira dans sa pépinière, où il rappelait si bien le bon vieillard dont parle Virgile, heureux dans son enclos cultivé par ses mains.

Cependant les forces de M. Juge s'affaiblissaient ; ses genoux commençaient à fléchir sous le poids de son corps courbé par le travail et les années; sa physionomie ouverte et riante devenait plus sérieuse ; sa poitrine s'oppressait de plus en plus ; tout annonçait en lui l'approche de l'heure suprême, à laquelle il se tenait dès long-temps préparé. Ayant conçu l'idée de faire creuser son cercueil dans le premier sapin qu'il avait planté, il lui adressa une pièce de vers pleine de sensibilité et de cette douce philosophie qui caractérise à un si haut degré la force et le calme de l'ame. Faisant allusion à cet amiral célèbre, à ce Nelson qui se couvrit tant de fois de la gloire des héros, et qui voulut, avant d'expirer, que l'on creusât son tombeau dans le grand mât au pied duquel il venait d'être frappé, M. Juge dit à son vieux sapin :

« Mais sa main, jeune encor, ne l'avait pas semé ;
» Ses yeux toujours distraits ne l'avaient pas vu naître ;
» Moi, plus heureux que lui, j'ai su te donner l'être,
» Et, depuis ce moment, je t'ai toujours aimé. »

Toutefois il épargna à ses enfans un soin si douloureux. Ne se faisant pas illusion sur l'état de sa santé, peu avant sa mort, il fit abattre cet arbre superbe, qui comptait près de soixante hivers ; et, semblable à ces pieux anachorètes qui se préparent dans la retraite et le recueillement au dernier sacrifice, lui-même, malgré les distractions du monde qu'il va quitter, il ordonne, dirige les travaux de son cercueil, et met la main à l'œuvre avec autant de sérénité que s'il travaillait encore à l'embellissement de ses vergers.

Le pressentiment qu'il avait de sa fin ne fut point trompeur. Peu de jours s'écoulèrent après qu'il eut terminé ses dernières dispositions. Le 25 janvier 1824, il fit prévenir ses enfans, chez lesquels il allait toujours dîner le dimanche, que, sans être malade, il éprouvait une faiblesse générale qui ne lui permettait pas de sortir. Cet avis suffit pour jeter l'alarme dans sa famille, qui connaissait

son courage et combien il tenait à ses habitudes. Sa dé-
faillance s'accrut avec une effrayante rapidité : en quatre
jours, il s'éteignit sans douleur, à l'âge de quatre-vingt-
deux ans.

Sa perte fut vivement sentie ; un concours nombreux
de citoyens, l'élite de cette ville, honora ses funérailles
de sa présence, et cette Société se fit un devoir de payer
le même tribut à sa dépouille mortelle. D'après l'in-
tention qu'il en avait manifestée, il fut transporté à sa
campagne, dans le tombeau de ses pères, qu'il avait orné
de frais ombrages, et où ses vertus et sa piété filiale le
rendaient si digne d'occuper une place. Lorsque son
convoi fut arrivé à ce dernier asile, une foule plus nombreuse encore de bons villageois qu'il avait vus naître,
et dont il avait tant de fois partagé les travaux, vint lui
offrir le dernier tribut de sa reconnaissance, en arrosant
de ses larmes la cendre de son bienfaiteur ; pur et touchant hommage du pauvre, qui révèle ordinairement
plus de vertus réelles que les pompeux éloges donnés
par la flatterie à l'homme puissant !

Au milieu des regrets que M. Juge-de-Saint-Martin a
laissés après lui, félicitons-nous cependant du bonheur
avec lequel cette Société a réparé, autant qu'il était en
elle, la perte d'un confrère qui a causé dans ses rangs un
si grand vide : le digne héritier de ses vertus et de son

goût éclairé pour l'agriculture, son fils et son élève, méritait, par ses propres travaux, ce témoignage de votre bienveillance, quand vous l'appelâtes, d'une voix una- nime, à prendre place dans le sein de cette compagnie, où il est tout à la fois l'objet des plus doux souvenirs et des plus belles espérances. Félicitons-nous encore d'avoir joui si long-temps des lumières d'un homme de bien dont les travaux répandirent tant d'éclat sur ceux qui nous occupent, et lui acquirent tant de titres à notre re- connaissance et à celle de son pays.

Si le mortel le plus recommandable aux yeux de la postérité est celui qui s'est signalé par des découvertes utiles, qui mérite plus ses hommages que M. Juge-de- St-Martin ? Le souvenir de celles qu'il a faites vivra dans la mémoire des hommes, et nos neveux s'écrieront, comme nous nous écrions aujourd'hui : Grâces éternelles soient rendues à cet homme bienfaisant, à ses connais- sances, à son inclination pour celui des arts qui peut in- fluer le plus sur la prospérité des nations, et surtout à ce noble et tendre intérêt qu'il a pris, dans tous les temps, au bonheur de ses concitoyens ; passion sublime des ames privilégiées qui sont nées pour la véritable gloire, et dont les travaux ne sont jamais mieux récompensés que par le souvenir délicieux du bien qu'elles ont fait!